DES

ASSURANCES

CONTRE L'INCENDIE

PRATIQUÉES PAR L'ÉTAT.

PAR M. ERNEST MERSON
Rédacteur en chef de l'Union Bretonne.

PARIS,
GUILLAUMIN, ÉDITEUR, RUE RICHELIEU, 14.

1852.

ASSURANCES CONTRE L'INCENDIE.

DES

ASSURANCES

CONTRE L'INCENDIE

PRATIQUÉES PAR L'ÉTAT.

PAR M. ERNEST MERSON

Rédacteur en chef de l'Union Bretonne

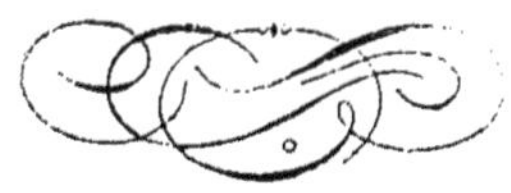

PARIS,

GUILLAUMIN, ÉDITEUR, RUE RICHELIEU, 14.

1852.

I.

L'opinion se préoccupe d'un bruit qui circule et semble, chaque jour, acquérir une nouvelle consistance.

Au rapport donc de personnes se prétendant bien informées, on dit et l'on publie que le gouvernement est disposé à s'emparer des Assurances contre l'Incendie, et à les exploiter lui-même au profit du Trésor public ; et l'on entre, à cet égard, dans des détails d'exécution qui doivent donner à croire que l'on s'appuie sur des renseignements précis et certains.

Il était de même et généralement affirmé que le pouvoir avait l'intention de prendre une mesure prochaine de suppression à l'égard des offices ministériels.

Or, le *Moniteur*, organe officiel du gouvernement, a cru devoir donner un démenti formel à ce dernier bruit, mais il est demeuré absolument muet relativement à l'autre ; de telle sorte que l'on a semblé d'autant plus fondé à croire au projet arrêté de concentrer entre les mains de l'Etat le monopole exclusif des assurances.

D'autre côté, il paraît résulter d'informations sérieuses et positives que la question se discute actuellement dans les Conseils du gouvernement, et que sa solution ne doit pas être considérée comme douteuse.

Cependant, disons-le dès ici, le projet d'attribuer à l'Etat le monopole des assurances est ancien déjà. Il date de vingt années pour le moins, et si, en 1848, MM. Garnier-Pagès et Duclerc le présentèrent à la Constituante, ce n'est pas à dire qu'ils en fussent les inventeurs. Ils le trouvèrent tout ébauché, non pas seulement dans les livres des économistes et dans les études des financiers, mais encore dans les cartons des ministères. Depuis longtemps on l'avait étudié, et l'on n'attendait, lorsque l'ébranlement de février est survenu, que le moment favorable de le déposer sur le bureau de la Chambre des députés.

Toutefois, à l'époque de trouble et de douleur où le gouvernement provisoire mit le projet au jour, il dut soulever la réprobation générale et être rejeté sans examen. C'était une des conditions essentielles du temps où on le produisait et des préoccupations au milieu desquelles on se trouvait placé. Les exigences du Socialisme révolutionnaire débordaient ; le gouvernement prétendait à être le centre exclusif, en même temps que l'uninique dispensateur de tout ; il paraissait disposé à confisquer au profit de la fortune problématique de la nation, la fortune effective de chacun ; il procédait, fidèle à son origine, sur des bases et d'après des calculs qui, à aucun titre, ne pouvaient provoquer autre chose que les justes et sévères répulsions du pays ; enfin les prédications insensées et funestes du Luxembourg venaient presque chaque jour effrayer les esprits et présenter sous les aspects les plus désastreux la série d'expédients arbitraires oppressifs et terribles auxquels on essayait de condamner la France.

On comprend donc aisément que le projet

exhumé par les financiers improvisés du gouvernement provisoire ne pût pas avoir l'agrément du pays, et qu'il succombât misérablement, même avant d'arriver à la discussion publique.

Cependant, il s'agit de savoir si, depuis les siècles qui nous séparent de ces mauvais jours de février, les événements ne se sont pas produits de telle sorte que les mesures jugées alors détestables et funestes, ne sont pas devenues aujourd'hui dignes d'examen, et ne portent point en elles des éléments féconds d'avenir et de richesse nationale.

Nous ne sommes plus, à cette heure, dans les conditions précaires et désastreuses d'autrefois. L'Etat a cessé d'être sur le penchant de la banqueroute ; les insurrections armées ne sont plus la situation normale et quotidienne du pays ; les menaces du Communisme ne nous envahissent plus ; enfin les hommes dont les idées et les noms avaient pour la France la plus triste des significations, ont disparu de la scène politique. Le passé s'est évanoui, et si l'on considère même superficiellement la situation actuelle, on voit les finances publiques prospères ; le pays, rassuré et pacifié, marche à pas sûrs dans les grands chemins de la prospérité morale et matérielle ; au lourd et funeste cauchemar du Socialisme a succédé l'application de théories véritablement économiques ; enfin il n'est pas jusqu'aux esprits eux-mêmes qui, las des agitations tumultueuses du passé, ne soient préparés à la réalisation graduelle et logique de tous les progrès.

Tout cela a-t-il suffi pour mûrir la question et la rendre opportune? Beaucoup l'affirment ; d'autres le contestent. L'intérêt personnel et les idées arriérées peuvent être de l'avis de ces derniers ; quant au bon sens public et à l'intérêt général, ils donnent complète raison aux autres.

Dans l'état actuel, les Assurances contre l'incendie, dont chacun connaît, sinon le mécanisme, au moins le but, sont de deux sortes; c'est-à-dire qu'elles se pratiquent, soit par des compagnies particulières qui courent, à leurs risques et périls, toutes les chances de pertes, moyennant certaines primes annuellement payées par les assurés,—soit par des sociétés mutuelles. Les sociétés mutuelles supposent un certain nombre d'individus qui, au lieu de demeurer isolément exposés aux chances qui menacent leurs propriétés, s'associent pour supporter entre eux les pertes fortuites de la communauté.

Dans le premier cas, l'établissement, agissant avec ses propres fonds, doit retrouver dans le taux des primes qu'il exige, non-seulement une très-grande probabilité de ne pas compromettre les sommes avancées par les capitalistes, mais encore celle d'obtenir un bénéfice au moins égal à l'intérêt que ces fonds rapporteraient dans des placements indépendants de toute chance de perte.

Dans le second cas, le service de la caisse se fait avec la masse des primes payées par les assurés. On conçoit, d'après ce système, que les primes varient avec la valeur des propriétés et les chances d'événements qui peuvent en occasionner la perte.

La question des assurances consiste à déterminer, par un calcul exact, la valeur des primes à payer par les assurés, les probabilités de perte et celle de gain, et les avantages réciproques que les assureurs et les assurés peuvent rencontrer dans les contrats intervenus entre eux. D'abord, des théories mathématiques seules ont pu concourir à la solution de ce difficile problème ; mais bientôt des faits nombreux et observés avec soin ont dirigé la raison commune, en même temps qu'éclairé l'expérience, et l'on en est aujourd'hui arrivé à ce point de calculer exactement les profits réels et mutuels que peuvent réaliser les contractants.

A part ces conditions essentielles, il est un point de vue auquel il importe à divers titres de considérer l'assurance. Par exemple, comment ne reconnaîtrait-on pas cette circonstance de l'ordre économique autant que moral, que l'assurance change avantageusement la situation personnelle de l'assuré : avant l'opération, il court le risque de perdre sa propriété entière ; après le contrat, il est au moins fondé à en considérer comme impossible la perte totale. En ce cas, l'assurance peut être considérée comme l'affirmation, le titre complémentaire de toute propriété ; elle substitue à la possession incertaine une possession positive ; elle consacre la jouissance, la fixe et la place en dehors de toutes éventualités contraires.

Désormais, il est permis de se demander si cette affirmation, ce titre complémentaire, cette consécration ne seraient pas mieux garantis par l'Etat que par des compagnies particulières ; si la masse des assurés ne se trouveraient pas plus efficacement protégés par le gouvernement que par des établissements privés.

Poser ces deux questions, c'est les résoudre ; et les résoudre c'est appuyer le projet qu'aurait le pouvoir actuel de concentrer entre ses mains le monopole des assurances, d'une part pour mieux protéger la propriété des citoyens, d'autre côté pour se créer les éléments d'un nouveau produit, susceptible de réaliser immédiatement la suppression d'impôts ou trop lourds ou mal appliqués.

Seulement, il serait utile et instant que les dispositions de l'Etat fussent promptement connues et nettement définies. L'incertitude en toutes choses est le pire des maux ; dans l'espèce, elle est préjudiciable à une foule d'intérêts respectables, en ce qu'elle jette l'inquiétude dans les esprits, gêne des opérations considérables, entrave des transactions nombreuses, et frappe une grande industrie d'une dépréciation qui conduit nécessairement au discrédit.

Le silence est dangereux. Quelque chose que le gouvernement ait à dire, qu'il parle, — qu'il parle promptement et nettement.

II.

—

On reproche à la concentration des assurances entre les mains de l'Etat une origine socialiste. Nous l'avons déjà dit, en principe ce motif de réprobation n'est pas fondé, et le fût-il qu'on ne devrait pas en prendre le texte d'un arrêt de condamnation contre une mesure réellement profitable au pays et aux citoyens.

En effet, de ce que le socialisme — non pas le socialisme révolutionnaire qui dresse des barricades, assassine les soldats et condamne le monde à la barbarie; mais le socialisme théorique, savant, prévisionnel, qui est un peu le patrimoine de tous les hommes d'étude et dans les rangs duquel tous les penseurs sont incorporés ; — de ce que ce socialisme-là aurait rencontré une idée juste, d'une application facile et féconde, faudrait-il systématiquement, aveuglement repousser l'idée, même après l'avoir reconnue acceptable, heureuse et bonne ?

La raison, le bon sens, la sincérité, le devoir, l'intérêt commun enfin, c'est-à-dire le patriotisme, se chargent de répondre.

Mais, d'ailleurs, avant d'être exploitée et développée par Buchez et Fourrier, la doctrine du garantisme par l'Etat avait été étudiée, appliquée même par les gouvernements. Si bien que les pays d'Europe où le socialisme a de tout temps compté le moins d'adeptes sont précisément ceux-là qui ont pratiqué les premiers le système des assurances par les pouvoirs souverains.

C'est ainsi que nous voyons l'Etat assureur, en Saxe, dans le Palatinat rhénan, en Pologne, dans le grand duché de Hesse, dans le grand duché de Bade, dans le grand duché de Schwerin, dans le duché de Nassau, dans le royaume de Wurtemberg, en Bohême, dans toutes les villes libres d'Allemagne, en Prusse, en Autriche, dans la province de Westphalie, en Bohême, etc. Au 31 décembre 1846, le nombre des sociétés gouvernementales d'assurances en Europe, était de 87. Depuis lors, il s'en est formé plusieurs autres.

Proudhon et Louis Blanc se sont emparés

de l'idée, il est vrai, et en ont tiré des conséquences excessives, inacceptables, qui consacrent l'oppression et la spoliation. Qu'importe? N'admettons pas leur système faux et désastreux ; mais n'outrons pas nous-mêmes nos répulsions, et, au lieu de condamner la doctrine, contentons-nous de chercher si elle ne pourrait recevoir une application satisfaisante. Les chefs de l'école révolutionnaire ont admis des hommes dans la société qu'ils avaient rêvée ou préparée ; est-ce qu'à cause de cela nous voulons exclure l'humanité de la société que nous prétendons, nous, maintenir, améliorer et glorifier? En toutes choses, il convient de chercher les éléments du vrai et du bon ; une fois rencontrés, peu importe que d'autres aient essayé, en les transformant, de les exploiter au profit de leurs passions ou de leur intérêt. Ce n'est pas en les abandonnant qu'on parviendra à leur restituer leur caractère et à conjurer les effets funestes qu'on en prétend tirer. Laisser la poudre aux mains des criminels serait, en vérité, un assez mauvais moyen de protéger les honnêtes gens contre le péril des explosions.

Quoi qu'il en soit, et c'est là un point essentiel dont les enseignements sont de nature à rectifier de nombreuses préventions, de grands états, des gouvernements sérieux et forts, où les principes démocratiques ne sont pas précisément en honneur, ont depuis longtemps adopté et pratiqué le système du garantisme, et ils n'en sont pas plus exposés aux commotions populaires, aux catastrophes déterminées par les excès du socialisme. Ces gouvernements, il est vrai, n'ont pas donné à l'assurance le développement et l'application qu'elle pouvait avoir ; ils n'ont pas su réaliser tous les progrès que l'industrie particulière, en France et surtout en Angleterre, a pu atteindre dans cette branche de travail financier ; mais le principe n'en demeure pas moins dans toute sa force, et si, aujourd'hui le gouvernement français, à l'imitation de ses voisins, pratiquait lui-même l'assurance pour le compte de l'Etat, il est clair qu'il mettrait à profit toute l'expérience que le temps, l'étude et l'intelligence ont fait acquérir aux assureurs actuels. C'est-à-dire que le pouvoir se trouverait dès l'abord en possession de toutes les améliorations réalisées, de tous les progrès acquis, et que, dépassant de beaucoup dans l'application du système, les autres pays européens, il donnerait toute satisfaction aux assurés, et ferait à la fois jouir le trésor d'un profit considérable.

Cependant une question se présente, qu'il est utile d'examiner,—non pas que sa solution paraisse douteuse, mais parce qu'elle est perfidement exploitée dans le but de jeter la défiance et l'inquiétude dans un grand nombre d'esprits. Cette question, la voici : L'Etat peut-il s'emparer des Assurances sans indemniser les compagnies à primes et les compagnies mutuelles? Evidemment si l'Etat agissait de la sorte, il porterait une atteinte de la nature la plus grave au droit de propriété ; il deviendrait spoliateur; il rétablirait l'ancien droit, le droit exorbitant et inique de la confiscation. Mais toute préoccupation à cet égard est puérile et s'évanouit devant le plus élémentaire examen, devant la plus simple réflexion. L'Etat ne s'emparera des Assurances qu'à la condition de l'indemnité préalable consacrée par la loi, en cas d'expropriation; et cette indemnité sera calculée largement, payée généreusement, parce que l'on n'aura pas seulement à donner l'équivalent d'un préjudice matériel, mais encore à solder le bénéfice d'un profit moral.

L'Etat n'est plus aujourd'hui soumis aux étreintes révolutionnaires, et les améliorations peuvent et doivent se réaliser dans leurs développements logiques et honnêtes, sans que l'on ait à redouter l'abus des influences excessives.

Nous ne sommes plus au temps, en effet, où, du haut de la tribune du Luxembourg, au sommet de laquelle les excès et les hontes de février l'avaient porté, Louis Blanc prêchait hautement la spoliation, et voulait que l'Etat, se décrétant le maître de tout et de tous, s'emparât purement et simplement des Assurances, des chemins de fer et du reste.

« L'Etat, disait-il dans son incroyable programme, a concédé gratuitement le privilége d'assurer; donc il peut le reprendre sans indemnité. »

Dans cette doctrine odieuse il y a en

même temps de l'ignorance et de la mauvaise foi. L'Etat n'a, à aucune époque, concédé le privilége d'assurer. A toutes les époques, chacun a été libre de se faire assureur mutuel ou à primes, dans la circonscription de son choix, avec ou sans ordonnance ou décret. Le gouvernement n'a jamais ni gêné, ni inquiété personne à ce sujet. Seulement, lorsqu'une compagnie anonyme d'assurances s'est formée, le pouvoir est sagement intervenu, pour exiger certaines garanties reposant sur certaines règles établies dans l'intérêt de tous. Or, les assurances ne sont pas les seules associations où s'est manifestée l'intervention de l'Etat, que l'on trouve encore dans les compagnies de messageries, dans les banques publiques, dans les mines de charbon et la plupart des sociétés anonymes.

Tout cela ne constitue pas le privilége. Cela sauvegarde, ou a tout au moins pour objet de protéger l'intérêt public. Voilà tout.

Cependant, si les garanties prudemment prises par l'Etat, mandataire naturel de tous les citoyens, vis-à-vis des compagnies d'assurances suffisent pour légitimer la confiscations, sans indemnité, dont ces compagnies devaient être l'objet dans la pensée du rédacteur du Luxembourg, il conviendrait aussi qu'au même titre et par analogie, le gouvernement s'emparât de toutes les industries constituées sous la forme anonyme. La logique est rigoureuse ; elle a des déductions implacables ; elle défie les argumentations et les obstacles : elle va au but.

Cependant si les autres industries ne sont pas atteintes et confisquées, pourquoi les compagnies d'assurances, le jour où l'Etat les absorbera, ne seraient-elles pas l'objet de justes et préalables indemnités ? Ici l'argument est retourné; mais ses conséquences sont identiques.

Non, non, il n'y a aucune inquiétude à coucevoir à ce sujet. Le principe de l'expropriation peut être appliqué dans l'espèce ; il est désirable, au point de vue de l'intérêt de tous en général et de l'Etat en particulier, qu'il le soit ; mais ce ne peut être qu'à la condition de l'indemnité préalable. Cela ne peut faire doute ni en équité, ni en droit, ni en raison, et ne peut donner accès à un soupçon ou à une crainte. Les écoles révolutionnaires proscrivent, il est vrai, et rejetent cette condition essentielle et sauvegardienne de toute propriété ; à la bonne heure ! mais ce n'est qu'un motif de plus pour qu'un gouvernement régulier, stable et protecteur l'admette et le consacre.

C'est la pensée du pouvoir actuel ; c'en sera sûrement et nécessairement toujours l'inflexible règle.

III.

—

L'indemnité préalable, en matière d'assurances, est, comme dans toutes les expropriations, une nécessité logique et un devoir d'équité. Dès ce moment donc il faut la considérer comme admise en principe. Le gouvernement ne peut pas spolier ni confisquer; il veut acheter. Il ne prétend pas s'emparer d'un bien conquis par le travail, l'intelligence, l'étude et l'argent ; il veut s'en rendre possesseur légitime, et rémunérer ceux dont il l'acquiert. Cela n'est que juste ; le contraire serait odieux. Aussi ne faut-il pas louer l'Etat de ces résolutions, en dehors desquelles il n'y a que la violation des lois naturelles et des lois promulguées. Il faut les considérer comme une obligation étroite qui demeure loyalement, mais nécessairement respectée.

Cependant ce point éclairci, il reste à savoir sur quelles bases l'indemnité sera établie et dans quelles formes elle devra être payée aux compagnies.

Ces bases et ces formes sont faciles à trouver. Néanmoins, avant de les indiquer, il est utile de poser la question dans ses véritables termes : Ou l'exploitation des assurances par l'Etat procurera au Trésor un bénéfice considérable équivalant, ainsi que nous l'établirons plus loin, à 60 millions par an ; ou bien elle ne lui donnera aucun profit, ce qui est matériellement impossible, les compagnies actuelles retirant de leur industrie un revenu considérable, dont les proportions, une fois l'opération concentrée entre les mains de l'Etat, ne feront que s'accroître.

Dans le second cas, s'il pouvait être admis, le gouvernement ne devrait point absorber les assurances, attendu que ne pas bénéficier, pour lui serait perdre.

Dans le premier cas, au contraire, il convient que l'Etat indemnise généreusement les industriels qu'il dépossède. L'expropriation, même d'utilité publique, ne se justifie qu'autant qu'elle est faite dans des conditions pécuniairement satisfaisantes pour l'exproprié ; et à cet égard, la loi de 1841, complémentaire de celle de 1833, est explicite et positive. Et quand bien même la loi, qui est la raison écrite, serait muette à ce sujet, il resterait le bon sens public et la droiture qui s'uniraient pour consacrer ce devoir.

L'Etat devra donc indemniser les intéressés de tous leurs droits perdus. C'est une obligation absolue à laquelle il obéira sans que le Trésor en éprouve de dommage, et qui sera d'ailleurs compensée par le profit infiniment supérieur qu'il réalisera. Le doute n'est pas plus permis sur le principe même de l'indemnité, et sur les bénéfices matériels que l'Etat retirera de son opération, que sur les avantages qui en résulteront au point de vue de la garantie et de la sécurité, pour la masse des citoyens assurés.

Quant aux bases de cette indemnité, nous l'avons dit, il est aisé de les établir.

Ainsi, prenons pour exemple une compagnie au capital de 5 millions, dont les actions sont cotées à la Bourse avec une prime de 20 0|0. L'Etat s'emparant des assurances, la compagnie se dissout et les actionnaires rentrent naturellement dans leurs fonds ; de telle sorte que le Trésor n'a plus à escompter que la prime de 20 0|0, soit, sur un capital de 5 millions, un million.

Voilà pour les actionnaires, qui se trouveront évidemment indemnisés et satisfaits, en touchant leur capital à la caisse de la compagnie et leur prime à la caisse du Trésor.

Quant au directeur de la compagnie expropriée, on lui devra six, sept ou huit fois son revenu annuel et actuel. Si ce revenu est établi à 20,000 fr., l'Etat lui sera débiteur d'une somme de 120, 140 ou 160,000 fr.

Cela est d'une simplicité mathématique et d'une équité morale qui saisit les esprits même les moins familiarisés avec la question. Il faut que l'indemnité soit suffisante, large, généreuse; mais il faut éviter qu'elle devienne abusive et seconde les projets ou les calculs de la spéculation. Que les actionnaires retrouvent l'équivalent de la prime acquise à leurs titres ; que le directeur soit désintéressé de la situation financière qu'il aura perdue ; mais qu'on se garde d'aller au-delà, parce qu'au-delà se rencontre précisément l'abus et l'agiotage. L'Etat doit être d'autant plus facile sur les chiffres qu'il est le maître de les fixer lui-même ; il doit y être aussi d'autant plus réservé qu'il est le représentant unique et direct des intérêts du pays tout entier.

S'il s'agit d'une Société mutuelle, dont les directeurs perçoivent tous les revenus bruts, à la seule condition de gérer, on pourra leur payer cinq ou six fois ce revenu brut, à la charge, pour eux, d'indemniser, dans des proportions déterminées, les employés et agents auxquels, pour les besoins du service ou la solde de leurs soins, ils avaient préalablement fait abandon d'une partie des produits.

Cette base d'opération une fois admise, l'application du principe ne serait pas ni longue, ni difficile.

Pour les compagnies à primes fixes, la cote de la Bourse fournirait une indication précise qui ne donnerait lieu ni à hésitation, ni à contestation, et qui permettrait de connaître, en quelques instants, le chiffre exact à payer.

Quant aux sociétés mutuelles, on sait que leur chiffre assuré est actuellement de 10 millions environ, qui, à raison de 20 centimes par 1,000 fr. en moyenne, produisent aux directeurs 2 millions à peu près de droits bruts de gestion annuelle. Or, si l'on multiplie ce chiffre par six, on arrive à connaître que l'indemnité devra, pour les sociétés mutuelles,

s'élever à	12 millions
En ajoutant à ce chiffre une somme double pour l'indemnité à servir aux compagnies à primes, soit	24 —
Plus, pour certaines créances remboursables par annuités, une autre somme de	4 —
L'on arrive à un total de	40 millions

Quarante millions ! voilà l'indemnité à payer par l'Etat, s'il veut, comme tout l'affirme, exproprier dans des conditions loyales les assurances, et les absorber au profit du Trésor.

La somme peut au premier abord sembler exorbitante et peu susceptible de trouver sa place dans le budget du pays, déjà si difficilement équilibré ; mais en réfléchissant, d'une part aux voies et moyens, d'autre côté aux bénéfices ultérieurs que l'Etat retirera de l'opération, on arrive à cette conclusion qu'au point de vue financier, l'affaire est loin d'être onéreuse pour le Trésor, et qu'il n'est pas si malaisé de trouver des fonds suffisants pour désintéresser les expropriés.

Ainsi, au lieu de rembourser une somme totale de 40 millions, l'Etat pourrait convertir ce capital en rentes 4 1\|2, qui détermineraient un déboursé annuel de un million 800 mille fr. Ce système aurait deux avantages principaux : celui de ne pas obliger le Trésor à un découvert considérable ; celui de ne pas jeter sur les marchés déjà si encombrés de numéraire, des fonds dont il serait difficile peut-être de trouver l'emploi soit dans la banque, soit dans le commerce, soit dans l'industrie, soit dans la propriété territoriale.

Désormais, si l'on compare le chiffre de

cette rente de 1,800 mille francs à servir par l'Etat, à titre d'indemnité, avec le chiffre de 50 millions de produit annuel que le Trésor retirera nécessairement des assurances, on demeure convaincu qu'il est loin d'atteindre des proportions compromettantes pour les finances du pays.

Voilà la question de chiffres réduite à sa plus simple, à sa plus sincère expression. Or, comme dans un problème mathématique, il n'y a rien en dehors des chiffres, on peut, dès ici, considérer la difficulté de l'opération comme surmontée et vaincue.

IV.

—

Désormais, une question d'une haute importance se pose, qu'il convient d'examiner sous ses divers aspects.

Cette question, la voici :

Quel système d'assurances l'Etat doit-il adopter ?

Il a choisir entre la prime et la mutualité.

Par où arrivera-t-il le plus sûrement au but qu'il veut et doit atteindre ?

S'il s'agissait uniquement de perfectionner l'assurance et de sauvegarder la propriété aux conditions les plus favorables et les moins coûteuses, évidemment il adopterait la mutualité, qui possède tous les avantages de la prime fixe, sans en avoir les inconvénients, et qui, entre autres mérites, a celui d'être plus économique et plus proportionnelle aux dommages. Il la choisirait, parce qu'elle rend tous les services que l'on peut exiger de l'assurance, et que, d'autre part, elle n'a pour résultat que de faire contribuer les associés aux sinistres communs, sans donner accès aux calculs de la spéculation.

Mais, dans la circonstance et à cause de la situation que les événements ont faite au budget, dont l'équilibre demande à être promptement rétabli, le gouvernement a d'autres devoirs. Il lui faut surtout rechercher de nouveaux éléments de richeses• qui, sans créer de nouveaux impôts, l'aident à satisfaire à tous les besoins et à créer à l'Etat des ressources certaines, de nature à rassurer l'avenir et en même temps à conjurer la nécessité de demander au pays, sous une forme quelconque, de venir au secours de l'insuffisance des produits actuels. L'état critique des finances exige que le pouvoir ferme le gouffre toujours plus large des déficits, et cependant il semble que l'impôt rend tout ce qu'il est susceptible de produire; d'où naît la conséquence naturelle et absolue, en présence de l'impossibilité d'aligner les recettes et les dépenses du pays, d'ouvrir une nouvelle source qui alimente le Trésor sans être préjudiciable aux citoyens.

Or, pour arriver à ce résultat d'obtenir des produits abondants et faciles sans surcharger ni la propriété ni le travail, il convient que l'Etat adopte et pratique l'assurance à primes fixes ; qu'il applique le tarif des compagnies actuellement existantes, et adopte, au moins en principe, la rédaction de leurs polices. Seulement, la moyenne de la prime étant aujourd'hui de 92 centimes par 1,000 fr., la force des choses la réduira à 75 centimes. L'assuré en éprouvera un dégrèvement sensible, et l'Etat y trouvera néanmoins un bénéfice considérable.

Il est entendu que le premier soin et le premier acte du gouvernement sera de déclarer l'assurance obligatoire. Cette condition sauvegardienne de tous les intérêts et à laquelle il ne serait pas difficile d'attribuer un caractère de haute moralité, aura pour l'Etat l'avantage de soumettre à la perception de la prime une grande quantité de risques peu dangereux, et que la négligence ou une imprudente sécurité ont soustraits jusqu'à présent à l'assurance.

Ces risques peu dangereux, rentrant dans une catégorie assurable à un taux moindre que la moyenne actuelle, il en résultera nécessairement une diminution notable dans le taux de la prime, qui s'abaissera, ainsi que nous le disons plus haut, à 75 centimes.

D'abord, sans doute, on fera mine de se plaindre d'une réglementation qui aura pour but et pour résultat de placer la fortune de tous dans des conditions égales d'affirmation et de perpétuité ; mais la raison publique ne tardera pas à connaître là où est l'intérêt véritable des citoyens, et la mesure sera bientôt considérée à l'égal d'une sauvegarde prévisionnelle et d'un véritable bienfait.

Et, en soumettant ainsi à l'assurance indistinctement et obligatoirement toutes les valeurs mobilières et immobilières, l'Etat aura l'énorme avantage d'éviter les frais de courtage actuellement si onéreux aux compagnies, et qui ne contribuent pas peu à maintenir la prime à un taux élevé relativement aux dommages qu'elle est appelée à réparer.

Si, en effet, aujourd'hui quinze Compagnies entretiennent dans une localité chacune un agent, avec mission de chercher activement les risques et de les enlever à ses concurrents, l'Etat, unique assureur, n'aura besoin pour la même circonscription, que d'un mandataire chargé de relever les matières assurables, de les enregistrer et de les soumettre à la loi commune. Et ce mandataire réunira plus rapidement de la sorte pour 50 millions d'assurances, que les quinze agents n'en obtiennent, à force de démarches et d'obsessions, pour 10 millions.

Or, les quinze agents, avec chacun 200 fr. seulement d'honoraires, chargent l'assurance de 30 centimes par 1,000 fr. ; d'un autre côté le mandataire de l'Etat, appointé à 2,000 fr., ne prélève de fait sur la somme perçue par le gouvernement que 4 centimes par 1,000 fr.

D'où il résulte clairement une économie de nature d'abord à justifier la diminution de la prime que nous avons indiquée plus haut, ensuite à accroître dans de notables proportions les bénéfices réalisés par l'Etat.

Ces bénéfices, suivant des probabilités que l'on doit considérer presque comme des certitudes, s'établissent ainsi :

Le remboursement des sinistres exigera une dépense par 1,000 fr. d'environ 35 cent.

Auxquels il faut ajouter, pour tous frais d'administration généralement quelconques, également par 1,000 fr. . . . . 10 cent.

Ce qui donne un total de. . . . 45 cent.

La moyenne des primes perçues par l'Etat étant fixée à 75 centimes par 1,000 fr. déterminera un net produit de 30 centimes; ce qui, sur une masse d'assurances de 200 milliards au moins, constitue un bénéfice réel et annuel de 60 millions.

Plus loin nous reviendrons sur ces chiffres, et nous démontrerons qu'ils ne sont point écrits ici au hasard, mais qu'ils résultent de calculs non pas seulement approximatifs, mais sérieux et reposant sur des bases certaines. En ce moment, nous nous bornons à les poser comme les éléments principaux d'une discussion ultérieure et comme les arguments déterminants du système de spéculation que l'Etat se propose de poursuivre.

Dès ici on comprend l'importance financière de l'opération, dont les produits rendront inutiles la création d'impôts impopulaires ou oppressifs. En général, les impôts se présentent invariablement ou plutôt sont présentés avec ce caractère d'impopularité ou d'oppression. Ils donnent lieu à des murmures sourds et à d'incessantes réclamations ; ils servent d'armes de guerre aux partis hostiles et aux séditions ; ils sont, en un mot, les plus implacables ennemis des gouvernements qui les instituent.

Ils sont nécessaires ; ils créent des ressources devenues indispensables ; ils se répartissent dans des proportions qui ne sont une ruine ou une gêne pour personne : n'importe. L'esprit d'opposition est habile à les critiquer, à les trouver inutiles, à les déclarer excessifs et désastreux pour la fortune privée, et l'opinion, docile à recevoir les impressions contraires aux actes des gouvernements, se prononce énergiquement pour leur abolition.

On ne sait pas assez en France, que les

gros budgets favorisent la prospérité d'un pays, et que, pour établir ces gros budgets, les impôts de toute nature, surtout ceux de répartition, doivent être multipliés et se produire sous des formes diverses.

Quoi qu'il en soit, il ne s'agit point ici de créer un nouvel impôt et de prélever sur les revenus de chacun une contribution dont les profits seraient invisibles ou insaisissables. Non. La contribution existe déjà ; elle est actuellement payée volontairement à des spéculateurs par des citoyens désireux de soustraire leurs propriétés aux chances contraires qui peuvent les atteindre. Seulement, en s'emparant du monopole des assurances, en percevant lui-même le produit de cette contribution, l'Etat prétend à la fois étendre jusqu'à ses dernières limites le bienfait moral et matériel de l'institution, et en retirer, au profit du Trésor, c'est-à-dire de la caisse commune, des bénéfices considérables et légitimes. Or, ces bénéfices réalisés chaque année d'une façon régulière et certaine, lui fourniront des ressources susceptibles de combler, au moins pour une portion, les déficits du budget, et de rassurer l'opinion inquiète des charges ultérieures que les nécessités publiques pourraient imposer au pays.

On comprend aisément combien, à ce point de vue, la concentration des assurances entre les mains de l'Etat est une mesure désirable, et combien cette mesure, si elle se transforme en fait, aura des résultats favorables d'une part à la conservation des fortunes particulières, d'autre part aux développements successifs et faciles de la fortune publique. Une ressource qui se résume par le chiffre annuel de 60 millions est toujours précieuse, alors surtout qu'elle s'appuie sur une base morale. Il convient de s'en emparer et d'assurer rapidement son exploitation.

Et, si l'on en revient à considérer uniquement les services que l'Etat est susceptible de rendre à l'assurance, on arrive nécessairement à cette conclusion que seul le gouvernement peut réaliser immédiatement tous les progrès dont le germe demeurerait longtemps stérile entre les mains des compagnies à primes ou des sociétés mutuelles. Ainsi, seul l'Etat peut concéder aux assurés ces trois avantages : 1° de couvrir les dommages causés par la foudre, alors même qu'elle écrase ou renverse ; 2° de poser des limites aux recours des voisins; 3° de rendre sérieuse l'assurance contre les risques locatifs.

Le premier de ces avantages faits aux assurés serait, dans la situation actuelle, très-onéreux aux Compagnies; quant au second, il est aujourd'hui d'une réalisation radicalement impossible. Et cependant jamais nécessité n'a été plus démontrée que celle de protéger l'individu contre l'obligation de désintéresser toutes les victimes de dommages venant, même involontairement, de son fait. Ainsi, vous êtes assuré pour 30,000 fr.; le feu, par imprudence ou cas fortuit, s'allume chez vous ; après avoir brûlé vos meubles, il pénètre chez votre voisin, et y exerce ses ravages ; puis il dévore l'appartement d'un autre voisin ; puis d'un troisième ; puis d'un quatrième. Si bien que la maison tout entière est détruite, et que le sinistre s'élève à 300,000 fr. Personnellement vous serez remboursé de la perte constatée dans votre appartement, et vous recevrez les 30,000 fr. auxquels vous aurez droit; mais, comme vous êtes responsable vis-à-vis de vos voisins, l'incendie ayant commencé chez vous, vous devrez leur compter 270,000 francs pour les couvrir de dommages qu'ils ne peuvent et ne doivent point supporter.

Voilà l'état actuel, qui tient constamment suspendue sur la tête des citoyens prudemment assurés, cette menace de ruine connue sous le nom de *recours* des voisins.

Au contraire, le gouvernement devenant assureur et l'assurance étant déclarée obligatoire, la responsabilité personnelle disparaîtra ; le recours des voisins ne s'exercera plus que vis-à-vis de l'Etat qui, non-seulement remboursera le premier incendié, mais désintéressera de plus tous ceux qui auront eu à souffrir des suites ou des développements du sinistre.

Quand cet argument se présenterait seul pour étayer le système de l'assurance exercée exclusivement par l'Etat, il serait plus que suffisant pour légitimer ce système et assurer son triomphe.

Pour ce qui est des risques locatifs, la situaiion actuelle est analogue à celle qui résulte du recours des voisins. Vous occupez un appartement et vous assurez les meubles qu'il renferme. Cet appartement brûle, et la Compagnie qui vous assure vous couvre de toutes les pertes que vous avez éprouvées ; mais arrive le propriétaire de la maison que vous habitez, dont les légitimes réclamations portent sur le dommage que vous lui avez causés, qui vous actionne et vous oblige à le rembourser à son tour. Si bien que, pour 6,000 fr. que vous avez reçus de vos assureurs, vous vous trouvez dans la nécessité de payer une somme quadruple, décuple même, pour compenser un désastre dont vous n'êtes sans doute point la cause volontaire, mais qui n'en est pas moins réel et préjudiciable à autrui. Cet exemple s'est présenté quelquefois, notamment et récemment à Lyon, où le locataire d'un tout modeste appartement s'est vu condamner à payer, à son propriétaire, la somme énorme de 200,000 fr., parce que le feu, après s'être déclaré dans son domicile, avait dévoré, dans son entier, une maison considérable.

Or, l'Etat seul encore peut assurer d'une manière effective les risques locatifs ; seul encore il peut fournir aux citoyens des garanties telles qu'ils n'aient plus à redouter de voir le feu, en s'allumant fortuitement chez eux, consommer leur ruine.

V.

Dans le précédent chapitre, nous avons estimé l'ensemble des valeurs assurables, en France, à 200 milliards environ.

Il n'est pas malaisé de prévoir que ce chiffre sera contesté et taxé d'exagération. Cependant, pour répondre victorieusement aux objections, ou plutôt pour les prévenir, il convient de dire sur quelles bases nos calculs reposent.

Suivant que l'on consulte M. Raoul Baudon, M. Dubroca et les autres écrivains qui se sont plus spécialement occupés de la matière, les évaluations se contrarient et se présentent sous des apparences essentiellement variables. Les uns grossisent outre mesure le chiffre des valeurs susceptibles d'être soumises à l'assurance ; d'autres l'amoindrissent dans des proportions déraisonnables. Essayons de le ramener à sa véritable expression.

En étudiant, par exemple, la situation actuelle de la Mutualité immobilière de Paris, et en tenant compte des objets qu'elle n'assure pas, l'on arrive à estimer la propriété bâtie de la capitale à un chiffre de 3 milliards et demi, ci 3,500,000,000

Relativement à la population, les cons-

Report	5,500,000,000
tructions sont aussi importantes en province qu'à Paris, et nous trouvons de plus dans les départements, les bâtiments consacrés à l'agriculture, aux récoltes, aux bestiaux ; puis les forêts et les bois taillis ; d'où il suit que l'on peut multiplier cette masse de construction par trente, et dire qu'en dehors de Paris, les valeurs immobilières de la France s'élèvent à la somme de 105 milliards, ci	105,000,000.000
En tenant compte de	
A reporter	108,500,000,000

Report	108,500,000,000
ce que nombre de propriétaires habitent eux-mêmes leurs maisons, le risque locatif doit n'atteindre que la moitié des valeurs ci-dessus, ci	54,250,000,000
Eu égard de même à ce que beaucoup de maisons sont isolées, l'assurance du risque de voisins ne doit également s'appliquer qu'à la moitié des risques directs, ci	54,250,000,000
Ce qui donne au total, deux cent dix-sept milliards de valeurs assurables, ci	217,000,000,000

Voilà pour ce qui concerne la propriété immobilière. Si désormais, nous examinons les valeurs mobilières, nous arrivons à un total infiniment moins considérable, mais qui se décuple par les transformations successives que ces valeurs sont appelées à subir. Ainsi, depuis l'assurance d'un mouton jusqu'à celle d'un habit de drap, il y a l'assurance intermédiaire, mais obligatoire, du marchand de laine, de l'apprêteur, du teinturier, du filateur, du fabricant, du roulage, du commissionnaire, du marchand drapier, du tailleur. Cette énumération incomplète se renouvelle pour la plupart des matières premières qui se manufacturent, se transportent, se vendent et se confectionnent. Or, nous estimons toutes les valeurs mobilières à cent milliards, ci. . . 100,000,000,000

Auxquels cent milliards, il convient d'ajouter, pour les recours des voisins résultant de ces mêmes valeurs, cinquante milliards, ci. . . . 50,000,000,000

Qui donnent ensemble une masse totale de cent cinquante milliards, ci. 150,000,000,000

Lesquels, réunis aux deux cent dix-sept milliards de valeurs immobilières, ci. 217,000,000,000

Constituent un total général de trois cent soixante-sept milliards. . 367,000,000,000

Ces chiffres sont sérieux ; ils reposent sur des données sûres, ils expriment véritablement la valeur des matières assurables. Cependant, en présence des variations constatées dans les évaluations jusqu'à ce jour produites par les écrivains qui ont traité la question, il convient de faire une large part à la critique, et de rentrer dans le chiffre de 200 milliards que nous avons antérieurement produit, et qui fournit à l'Etat un bénéfice net et annuel de 60 millions. Nous y revenons donc, d'abord pour aller au-devant de tout soupçon d'exagération et y couper court, — ensuite pour ne pas argumenter d'un net produit égal à 100 millions, et dont la démonstration aurait peut-être pour résultat d'abaisser la prime à un taux qu'elle ne saurait raisonnablement avoir.

Quoi qu'il en soit, nous restons avec un chiffre de 200 milliards d'assurances qui, exploités d'après les bases précédemment établies, avec la réalisation de tous les progrès acquis par l'industrie, fourniront évidemment, incontestablement au Trésor une ressource considérable, certaine, d'une perception facile. Et cette perception, qui n'imposera aucune charge nouvelle aux contribuables, leur fournira au contraire une sécurité d'avenir sur laquelle, même à la condition d'être assurés aux Compagnies à primes ou aux Sociétés mutuelles, il ne leur est pas permis de se reposer aujourd'hui d'une manière complète et absolue.

VI.

—

L'une des principales difficultés que l'on soulève contre l'exploitation des assurances par l'Etat, réside dans le personnel actuel des Compagnies à primes et des Sociétés mutuelles.

« Comment ! s'écrie-t-on, l'Etat réduira

à l'oisiveté, peut-être à la misère, plusieurs milliers d'individus vivant aujourd'hui de l'industrie des assurances ! Cela serait à la fois un acte de détestable politique et une mesure immorale. Ruiner plusieurs milliers d'individus, ou plutôt plusieurs milliers de familles ! Quel gouvernement honnête pourrait donc, sans en être effrayé, envisager une telle extrémité ! »

Ce langage est humain ; il est sincère peut-être ; seulement il n'est point motivé. On considère la question au rebours, et l'on arrive à se lamenter sur des douleurs, sur des ruines purement imaginaires. Lorsque le gouvernement de Louis XVIII supprima l'administration des droits réunis, on put bien dire aussi que des milliers d'employés étaient privés de travail et de pain ; heureusement qu'à côté de la suppression se trouvait la création, et que les contributions indirectes surgissant, les directeurs, les inspecteurs et les commis de tous ordres qui, la veille, avaient été privés de leurs emplois, furent réintégrés le lendemain dans d'autres emplois analogues ou absolument identiques.

Ici, même chose se passera; seulement, les conditions en seront plus favorables. En effet, aujourd'hui les employés secondaires ou subalternes des assurances, les agents, les scribes, etc., occupent des positions le plus souvent éphémères; il suffit d'un caprice ou d'un accès de mauvaise humeur, de la part des chefs, pour les leur enlever. D'autre côté, ils travaillent en pure perte pour l'avenir, et sans espoir qu'une pension de retraite leur sera servie, quand les années ou les mille accidents de la vie les auront mis dans l'impossibilité de se rendre matériellement utiles aux Compagnies ou aux Sociétés qui les emploient.

Tout au contraire, l'Etat devenant le maître unique des assurances, et les assurances étant établies sur le modèle d'une des grandes administrations actuellement existantes, — les douanes, les contributions directes, les contributions indirectes, les eaux et forêts, les ponts et chaussées, l'enregistrement, etc., — tous ses employés de toutes classes occuperaient des postes stables, certains, hiérarchisés, où le mérite, l'intelligence pussent être appréciés et récompensés, où l'avancement fût réglé, où enfin l'ordre régnât au plus grand profit de l'intérêt général et des intérêts privés. De plus, l'Etat ferait ce que ni les Compagnies, ni les Sociétés ne savent ou ne peuvent faire : il fournirait aux fonctionnaires des assurances, comme à tous ceux qu'il emploie, une retraite proportionnée à leurs grades et à leurs services, et consacrerait ainsi une situation aujourd'hui inévitablement précaire.

Désormais et ce point fixé, est-il présumable que l'Etat, en concentrant en lui-même l'exploitation des assurances, prétende former un personnel nouveau et se priver volontairement de l'expérience acquise par le personnel actuel ?

Non.

Soit qu'il fasse des assurances une des branches se rattachant aux contributions indirectes; soit qu'il en constitue, ce qui serait préférable, une direction nouvelle et distincte, il est clair, il est certain que l'Etat a un intérêt immédiat et considérable à conserver leurs fonctions à ceux qui ont créé ou exploité l'assurance, qui lui ont fait faire tous les progrès successivement constatés, qui sont parvenus à la constituer de telle sorte qu'elle est une puissance financière dans le pays, et qui, en demeurant en exercice, peuvent encore en tirer des conséquences autrement profitables aux citoyens assurés et à l'Etat assureur. En toutes choses il y a loin de la théorie à la pratique ; dans la question des assurances plus que dans tout autre, il est malaisé à quiconque ne connaît pas le mécanisme de l'opération d'en faire mouvoir les rouages. Le gouvernement sait cela; aussi ne voudra-t-il pas, en se privant de services expérimentés, s'exposer à des échecs funestes au Trésor. Et, d'ailleurs, quelles raisons peuvent donner à craindre que l'Etat aille chercher un personnel en dehors du personnel actuel ?

L'intérêt ?

Mais, nous venons de le démontrer, l'intérêt veut que l'Etat, en s'emparant des assurances, s'attache ceux-là mêmes qui les exploitent aujourd'hui.

La politique ?

Mais la politique n'obéit pas à des inspirations si étroites et si inintelligentes qu'elle s'attaque à la fois à l'équité, au bon sens et au bon droit.

Le caprice ?

Mais, dans une circonstance aussi grave que celle que nous pressentons, le caprice serait une monstruosité, et les gouvernements réguliers n'ont pas l'habitude de s'y abandonner.

Qu'on soit complétement rassuré sur le sort des employés actuels, qui presque tous occupent des spécialités acquises par le travail et l'intelligence. Il ne sera point compromis par la grande mesure dont les esprits se préoccupent, et qui viendra bientôt, il faut l'espérer, inaugurer l'ère de la sécurité par le garantisme effectif.

Nous venons de parler de spécialités dont le gouvernement ne voudrait, ne pourrait pas se priver, et qu'au contraire il s'appliquerait à s'attacher. Les experts sont au nombre de ces spécialités. Les experts jouent dans l'assurance un rôle d'une haute importance, qui détermine en quelque sorte le succès de l'exploitation tout entière. Chargés, en effet, d'apprécier la valeur des dommages causés par les incendies, ils doivent tenir une juste mesure entre l'assureur et l'assuré, et ils seront dans l'obligation d'être d'autant plus habiles, justes et réservés, à cet égard, si c'est l'Etat qui solde les frais du sinistre. En effet, le gouvernement étant assureur unique, sera accusé d'arbitraire s'il paie trop peu ; s'il paie trop, au contraire, il fournira lui-même une prime aux incendies, et l'on verra le feu s'allumer d'autant plus facilement que l'on sera plus certain de la générosité avec laquelle l'Etat en désintéressera les victimes. C'est l'exagération des indemnités qui, en 1829 et 1830, détermina les incendies si fréquents et si désastreux de la Normandie, incendies auxquels l'esprit de parti donna alors un caractère politique, et qui ne furent de fait qu'une odieuse spéculation de l'intérêt privé.

Ces experts, dont l'action est si délicate et si nécessaire et dont les services sont chèrement récompensés par les compagnies, parce qu'ils constituent des auxiliaires rares et précieux, le gouvernement les conservera assurément, de même qu'il saura attribuer des situations analogues à celles qu'ils occupent aujourd'hui, aux directeurs, inspecteurs, agents et employés actuellement en exercice.

On peut calculer dès à présent que l'exploitation des assurances par l'Etat exigera un personnel de six mille individus, placés, soit à Paris, à la direction générale ; soit dans les chefs-lieux de départements, aux bureaux de l'administration ; soit dans les cantons, aux agences ; soit enfin dans les inspections. Il ne serait pas difficile de démontrer que les Compagnies à primes et les Sociétés mutuelles n'occupent pas d'une manière régulière, permanente et suivie un personnel aussi nombreux.

Dans un chapitre précédent, nous avons établi que les dépenses d'administration s'élèveront à 10 centimes par million, soit 20 millions pour 200 milliards. Or, cette somme de 20 millions sera plus que suffisante, d'une part pour solder les appointements des six mille employés de toute nature qui formeront le personnel général de l'administration, d'autre côté pour subvenir aux frais de toute sorte que l'exploitation des assurances nécessitera.

Ajoutons qu'au point de vue gouvernemental, il ne sera pas indifférent que le pouvoir ait sur toute la surface du pays six mille nouveaux fonctionnaires, qui contribueront à apprendre au peuple le respect de l'autorité et les bienfaits de l'ordre ; qui, adonnés à un travail de garantie et de prévision, enseigneront aux masses la nécessité de calculer toujours avec les éventualités de l'avenir, et dont l'exemple enfin et les études spéciales profiteront sûrement et progressivement à l'expansion des idées économiques, qui sont l'une des bases principales de tout gouvernement régulier et stable.

C'est ainsi qu'il est aisé de répondre à l'une des objections capitales soulevées contre le projet d'attribuer à l'Etat le monopole des assurances. Nous verrons, dans un prochain chapitre, si les autres difficultés signalées par quelques adversaires du projet, résistent plus que celle-là à l'analyse et à l'examen.

VII.

—

Dans le cours de ce travail, nous nous sommes efforcé de démontrer la moralité et les profits de l'assurance pratiquée par l'Etat, et à la fois d'aller au devant des diverses critiques que l'on pourrait faire d'un système qui a eu le tort naguère d'être exposé et défendu par les chefs d'une école odieuse, et d'être présenté au pouvoir parlementaire dans des circonstances qui le rendaient impossible.

Désormais que l'on connaît les résultats financiers de l'opération, la facilité de son exécution, son but moral ; aujourd'hui que, sur des chiffres et des arguments pratiques, on a pu juger combien l'exploitation de ce système serait favorable en même temps aux citoyens et à l'Etat, sans altérer ou compromettre aucune situation laborieusement conquise, sans atteindre la fortune d'aucun intéressé ; à présent, enfin, que la doctrine n'apparaît plus comme le fruit déplorable d'une conception révolutionnaire, compressive et spoliatrice, — il nous reste peu de choses à dire pour démontrer, jusqu'à la dernière évidence, combien il est désirable que le gouvernement prenne une résolution prompte et conforme aux principes de la concentration de l'assurance entre les mains de l'Etat.

Cependant, comme dans une question de cette nature, il convient de ne laisser aucun prétexte à l'opposition, de ne négliger aucun argument même par surcroît démonstratif de la vérité, et de placer tout en pleine lumière pour n'être point accusé de se sauver par l'obscurité, nous voulons examiner et discuter quelques-unes des principales objections produites à l'encontre du projet. Ces objections datent pour la plupart de **1848**, et elles émanent d'esprits, en général fort sérieux, qui, effrayés des tendances du jour, avaient cru devoir adresser au gouvernement leurs observations et leurs doléances, à propos de la menace de confiscation qui pesait sur les assurances, soit par le projet élaboré au Luxembourg, soit par celui présenté à la

Constituante par M. Duclerc. Elles se résument ainsi :

1° Violation de la liberté de l'assuré ;

2° Confiscation d'une industrie chèrement acquise ;

3° Négation de bénéfices pour l'Etat ;

4° Difficulté de soumettre les valeurs mobilières à l'assurance ;

5° Augmentation inévitable du nombre et de l'importance des sinistres ;

6° Comparaison des résultats obtenus par les gouvernements qui ont monopolisé l'assurance, et de ceux réalisés par les compagnies libres ;

7° Impossibilité de diviser les gros risques.

Examinons une à une ces diverses objections, et apprécions-en la valeur.

Violation de la liberté de l'assuré. — En apparence, la critique peut être considérée comme sérieuse; en réalité, elle manque de base. Faire profiter tous les citoyens indistinctement du bienfait de l'assurance; les placer dans des conditions telles que nul désastre causé par le feu du ciel ou le feu de la terre ne puisse leur ravir leur propriété et consommer leur ruine; établir, en échange d'une prime modique, une sauvegarde perpétuelle qui soit une consécration de la valeur mobilière et immobilière,—cela n'est assurément violer la liberté de personne; cela, au contraire, a pour résultat certain d'assurer, d'affermir la liberté et la sécurité de tous. Comment! parce que l'on demande aux citoyens une cotisation annuelle à l'effet d'entretenir une armée qui défende les frontières contre l'invasion étrangère, et qui protége la tranquillité intérieure du pays contre les entreprises des fauteurs de désordres, — on violera la liberté! Mais cela est de la déraison ou de la mauvaise foi. Les deux situations sont identiques ou analogues tout au moins. Elles se caractérisent par la protection, l'une de la propriété, l'autre de l'individu. Si l'une est indispensable, l'autre est souverainement utile. Si, pour celle-ci l'impôt prélevé n'est point une oppression, il en sera ainsi de la prime perçue pour celle-là.

Et puis, dans un état bien gouverné, il est de principe que quelques-uns doivent subir ou accepter ce qui convient au plus grand nombre, ce qui surtout est conçu dans l'intérêt de tous ; et si, dans l'espèce, il est admis qu'à défaut de l'impôt de l'assurance, l'Etat serait dans l'obligation, pour équilibrer son budget, d'en établir un autre moins profitable au pays, il n'y a point à hésiter : le gouvernement est pleinement autorisé à s'emparer d'une exploitation qui comblera une partie des déficits du Trésor ; — d'autant plu qu'à en juger par les progrès que font aujourd'hui les assurances, on arriverait à peu près sûrement à faire payer aux contribuables deux impôts au lieu d'un, — celui établi par l'Etat pour se créer des ressources devenues indispensables, celui résultant des primes payées par les assurés aux assureurs.

Non, en tout cas, il n'y a point violation de la liberté de l'assuré, et cette violation, fût-elle réelle à l'égard de quelques individualités, ne devrait pas être considérée comme un obstacle, à cause des bienfaits qui en résulteront pour la masse des citoyens.

Confiscation d'une industrie chèrement acquise. — L'objection pouvait, en 1848, avoir quelque valeur ; aujourd'hui elle est un non-sens. On ne confisque pas ce l'on paie, et tout indique, tout affirme que l'Etat ne prétend pas s'emparer de l'industrie des assurances sans désintéresser généreusement ses actionnaires, ses directeurs, ses agents, etc. D'autre côté, l'expropriation pour cause d'utilité publique est prévue et consacrée par la loi, et du moment que le gouvernement se soumet à l'indemnité préalable, et qu'il utilise le personnel actuellement en exercice, il se soustrait à toute éventualité de plainte, surtout à tout soupçon de confiscation.

Négation de bénéfices pour l'Etat. — Les calculs auxquels nous nous sommes livré dans un chapitre précédent, démontrent que le produit net de l'assurance, devenue obligatoire et pratiquée par l'Etat, s'élèvera au minimum à 60 millions par an. Ce produit, même en dehors des chiffres, serait aisé à établir. Ainsi, l'assurance monopolisée s'administrera à meilleur marché que l'assurance abandonnée aux expédients de la concurrence ; d'autre côté, une plus grande quantité de risques étant couverts, et les risques à couvrir étant les meilleurs, il en résultera une perception de primes plus considérable et un solde de sinistres relativement moindre ; enfin les compagnies actuelles, placées dans des conditions notablement moins productives, réalisant des bénéfices, il est clair que l'Etat, exploitant dans des circonstances exceptionnellement favorables, en obtiendrait d'autant plus. Cela est d'une telle évidence qu'il serait puéril d'insister.

Difficulté de soumettre à l'assurance les valeurs mobilières. — La difficulté existe, mais entre le difficile et l'impossible les solutions peuvent trouver place. Ainsi, il est raisonnable de penser que les quatre-cinquièmes des citoyens exécuteront une loi sage et prévoyante de bonne grâce et sans murmure;

c'est donc tout au plus si les récalcitrants constitueront un cinquième des habitants du pays. Or, comment opérera-t-on vis-à-vis d'eux? Violera-t-on leur domicile? fera-t-on ouvrir de force leurs magasins, leurs coffres, leurs armoires? les soumettra-t on à une série de mesures inquisitoriales et oppressives? Non. Ce serait un tort, une faute et une illégalité dans l'exécution même de la loi. On procédera autrement. Au moment, par exemple, des évaluations avant l'assurance et pour établir l'assurance, l'agent du Trésor se présentera, accompagné d'un délégué du maire de la commune, chez chaque citoyen. S'il n'obtient pas les renseignements obligatoires, il en référera au maire lui-même, qui indiquera de plein droit le chiffre probable de l'assurance, lequel chiffre sera accepté par l'agent du Trésor et servira de base à la fixation de la prime. Il est certain que, obéissant à un esprit de réserve très-explicable, le magistrat municipal donnera un chiffre d'estimation inférieur à la valeur réelle de la matière assurable ; cela est un inconvénient sans doute, mais qui n'aura pas toutes les conséquences qu'on pourrait supposer. Par exemple, en cas d'incendie, il arriverait ce qui arrive aujourd'hui à toutes les Compagnies : on se livrerait à une évaluation exacte, minutieuse et régulière des objets incendiés et des valeurs soustraites au sinistre ; et cette évaluation établissant l'incendié son propre assureur, il ne recevrait qu'une partie de l'indemnité à laquelle il aurait droit, et encore sur cette portion d'indemnité l'Etat pourrait opérer une retenue de **10** à **20** p. 0|0 à titre de pénalité. Cette manière de procéder ne tarderait pas à engager les citoyens mêmes les plus hostiles à la mesure, à signer une police contradictoire, complète et sincère.

Si nous ne nous trompons, voilà la difficulté levée, et levée de telle sorte qu'elle disparaît complétement.

Augmentation inévitable du nombre et de l'importance des sinistres. — Nous avons déjà signalé ce danger pour le cas où les évaluations après incendie ne seraient pas faites avec toute la vigilance et la circonspection nécessaires. Si les indemnités étaient trop généreuses et constituaient une prime d'encouragement, certaines gens ne manqueraient certes pas d'en profiter pour s'incendier. C'est à cause de cela que nous avons insisté pour que le gouvernement conserve et utilise le personnel actuel des assurances, dont les études approfondies et l'expérience sont des garants d'une administration active, prévoyante et habile. Dans ces conditions l'Etat ne courra pas plus de périls que les Compagnies ;

c'est-à-dire que les remboursements s'opérant demain sur des bases en tout semblables à celles adoptées aujourd'hui, les sinistres n'augmenteront ni en nombre, ni en importance, parce que personne n'aura intérêt à allumer l'incendie.

Comparaison des résultats obtenus par les gouvernements qui ont monopolisé l'assurance, et de ceux réalisés par les Compagnies libres. — Il est démontré que les Etats où le monopole des assurances a été exploité par le gouvernement n'ont obtenu jusqu'à présent que des résultats négatifs ou onéreux. Pour la plupart, ils ont imposé aux assurés une prime supérieure à celle perçue par les Compagnies françaises ; ils n'ont en général rien gagné ; ils ont quelquefois éprouvé des pertes considérables. Cela démontre tout au plus que, dans ces Etats, l'assurance a été mal établie et mal pratiquée ; on n'y a tenu aucun compte des progrès réalisés ; on n'y a point suivi le mouvement imprimé à l'industrie financière et protectrice ; on s'y est égaré, en un mot, dans les voies d'une routine inintelligente et funeste. De plus, cela prouve que les gouvernements ont rarement l'esprit inventif, et qu'ils ne doivent appliquer que les systèmes consacrés et développés par l'ex périence. Les gouvernements n'ont inventé ni la vapeur, ni les métiers à la Jaquart, ni les Jenny-Mull, ni ce qui fait la gloire, la richesse et l'activité de l'industrie ; mais unefois qu'une science s'est assise et perfectionnée , il savent admirablement s'approprier ses progrès et les développerau besoin. Si de cela nous voulions un exemple, il nous suffirait de citer les constructions navales , que les Etats pratiquent aujourd'hui dans des proportions considérables et avec un succès incontesté.

Depuis l'origine de l'assurance contre l'incendie, les tarifs, les classifications, les polices et leurs conditions ont subi des transformations radicales en France et en Angleterre, tandis que les gouvernements à monopole demeuraient obstinément fidèles aux errements du début, et dédaignaient de marcher, comme l'industrie libre, dans la voie de toutes les réalisations profitables et intelligentes.

Voilà le secret tout entier des différences signalées dans le degré d'avancement de l'assurance chez les divers peuples d'Europe.

Mais, dans l'état actuel, le gouvernement français, en s'emparant des assurances, tirera bénéfice de tous les progrès acquis ; il profitera de trente-cinq années d'expérience; il aura pour point de départ le fruit de longs travaux péniblement élaborés ; il pourra exploiter sur l'heure des idées passées à l'état de science exacte. Et tout cela il le fera et le pourra faire sans scrupule ; parce que tous ces progrès, tous ces travaux, toute cette science, il les aura généreusement, religieusement payés au moyen de l'indemnité préalable. Enfin il emploiera les hommes eux-mêmes qui ont fortifié l'assurance ou en ont obtenu les résultats actuels, et ainsi il démontrera qu'il ne prétend pas fermer la porte aux progrès futurs. De plus, il fera mieux sûrement et plus vite que les plus habiles assureurs ; parce que ceux-ci n'ont pas toujours les moyens d'exécuter même ce qu'ils savent être bon, ce que leur expérience leur indique comme utile ; au contraire, l'Etat, disposant de toutes les forces vives du pays, et s'appuyant sur la double nécessité de tirer de l'assurance des produits considérables et d'accroître les garanties des assurés, il lui sera aisé de réaliser rapidement toutes les améliorations que l'excès de la concurrence rend aujourd'hui impossibles.

Encore une objection qui disparaît ; encore une difficulté vaincue.

Impossibilité de diviser les gros risques. — Les Compagnies ont proclamé avec raison que la division des risques est la base du succès en matière d'assurance. Aussi toutes les compagnies sagement administrées s'appliquent-elles à réduire leur *plein* sur chaque risque dans des proportions qui, en cas de sinistre, ne l'obèrent ni ne la gênent. Mais l'Etat ne serait pas dans l'obligation de calculer de la sorte, parce que le maximum d'une assurance serait loin d'atteindre le minimum du *plein* assurable. Les proportions de l'opération changeant, tout se modifie et entre dans des conditions nouvelles.

Ainsi, une Compagnie qui assure un milliard limite son *plein* à cent mille francs ; c'est-à-dire que ce plein représente 10 centimes par 1,000 francs de valeurs assurées. Or, si l'Etat assure 200 milliards, la représentation de 10 centimes par 1,000 fr. donnera un *plein* de 20 millions, c'est-à-dire une valeur infiniment supérieure à celle de l'établissement industriel le plus considérable de France. La question du plein n'existe donc plus, et il est inutile de se préoccuper de la nécessité de diviser les gros risques.

Après cela, et si l'Etat voulait amoindrir ses chances de pertes et procéder absolument comme le font actuellement les Compagnies, est-ce qu'il lui serait difficile de trouver en Angleterre des contre-assureurs, et de se décharger ainsi d'éventualités trop lourdes ou trop dangereuses ?

Non certes. L'Etat serait pour cela dans

une situation plus favorable que toutes les Compagnies du monde, et il en profiterait sûrement s'il y voyait nécessité ou avantage.

Désormais, que reste-t-il des objections nombreuses faites au système des assurances par l'Etat? Il reste le mot trois fois vrai de M. Desmousseaux de Givré : Rien ! rien ! rien !

VIII.

—

Le moment est venu de conclure.

Or, la conclusion logique des considérations et des chiffres qui précèdent, c'est que l'Etat ne doit pas hésiter à prendre la mesure utile, nécessaire, instante, en vertu de laquelle il deviendra l'assureur unique de la propriété immobilière et mobilière du pays.

Cette mesure est commandée à la fois par l'intérêt des citoyens et les exigences du Trésor ; elle revêt de plus, et en dehors de la question financière, un caractère de haute moralité, dont tout esprit sérieux peut pressentir dès ici la favorable influence.

Resserrer les liens qui unissent les gouvernants aux gouvernés ; étendre et multiplier les garanties d'ordre public ; affermir la propriété et la soustraire aux chances contraires qui la menacent ; rendre l'Etat, c'est-à-dire l'universalité des citoyens, solidaire du dommage éprouvé par quelques individus ; apprendre au pays les forces vives, réelles et bienfaisantes qui résident dans le mutualisme régulièrement organisé et sincèrement pratiqué : voilà des résultats qu'on obtiendra rapidement et sûrement, sans que personne en éprouve quelque atteinte, sans que la liberté en souffre, sans que la loi soit transgressée, sans que la fortune de quiconque se trouve en péril, sans, enfin, que cet immense progrès se réalise sous les apparences ou avec les effets d'une révolution.

L'Etat, pour cause d'utilité publique, et jamais utilité n'a été mieux constatée, expropriera, sous condition d'indemnité préalable et généreuse, l'industrie tout entière des assurances; puis il mettra à profit l'expérience, la capacité, le dévouement, l'active vigilance du personnel actuellement employé dans cette industrie; puis il fera à ce personnel une situation plus régulière, plus certaine, consacrée par un avenir à l'abri de toutes éventualités de troubles ou de misère; puis il obligera les citoyens à être prévoyants et à s'assurer, moyennant un léger impôt, contre la possibilité de ruineux désastres; puis, avec le produit de cet impôt, qu'il percevra dans l'intérêt bien entendu des contribuables, il pourra exécuter de grandes choses et aligner son budget sans demander au luxe, ou au travail, ou à la propriété foncière, de combler, par des cotisations nouvelles et incessantes, les vides de son Trésor.

En quelques mots, voilà l'histoire prochaine et réelle de la grande mesure dont les gouvernements se sont tous préoccupés depuis vingt-cinq ans, et que le pouvoir actuel est sur le point d'adopter.

La réalisation de ce projet, qui est à la fois une ressource légitime et une puissante sauvegarde, éveillera sans doute quelques susceptibilités, provoquera quelques critiques, soulèvera quelque opposition. Qu'importe? Si les grandes mesures devaient échouer devant d'aussi mesquines considérations, les peuples ne se livreraient à aucune entreprise considérable, attendu qu'il n'en est pas une seule qui pût jamais conquérir l'assentiment universel. Et, par exemple, si, avant de convertir la rente, le gouvernement avait consulté les rentiers, voire peut-être aussi ceux qui ne le sont pas, tant d'avis contraires lui auraient été exprimés, qu'il se serait vu, s'il eût voulu y obéir, dans l'obligation d'ajourner tout au moins cette grande et utile opération financière. On n'a point procédé de la sorte : le gouvernement, dégagé de toutes préoccupations extérieures, a pris une résolution rapide, dans le but de donner raison au bon sens aussi bien qu'à l'intérêt public, et, interrogeant moins l'opinion de quelques-uns que la nécessité proclamée par tous, il a converti le 5 0|0 en 4 1|2, et a amoindri d'un dixième sa dette annuelle. On s'en est ému d'abord; puis on fini par se calmer, et aujourd'hui l'on considère généralement cette mesure comme une de ces heureuses et brusques réalisations destinées à mettre toutes choses en harmonie entre elles.

Il en sera ainsi de la concentration des assurances aux mains de l'Etat. L'on éprouvera d'abord de la surprise, l'on concevra des craintes, l'on tentera un semblant d'opposition ; puis la raison prenant le dessus, l'on arrivera bientôt à approuver dans son ensemble et dans ses détails un fait dont les citoyens et le Trésor public à la fois tireront profit.

L'opinion publique est de telle essence qu'elle s'émeut facilement de tout ce qui s'écarte des voies habituelles ; mais elle se rassure avec une égale promptitude, et sait toujours se rendre compte de ce dont elle doit s'applaudir, de ce qu'il lui faut réprouver.

Evidemment, dans la question qui nous occupe, le gouvernement ne reculera pas, n'hésitera pas devant les efforts stériles de l'opposition individuelle qu'il est aisé de pressentir, et qui s'est déjà manifestée par des articles de journaux. Il connaît les besoins du pays et ses devoirs ; il sait que l'assurance, laissée aux mains des Compagnies, ne pourrait plus réaliser de progrès ; il n'ignore point que, seul, l'Etat est en possession de fournir aux citoyens des sauvegardes durables, suffisantes et sérieuses ; il comprend que le produit des primes est de nature à constituer pour le Trésor des ressources abondantes et d'une perception facile. Il apprécie de plus que le garantisme est susceptible de moraliser les masses, de confondre leurs intérêts, d'établir entre elles des liens d'étroite solidarité. Aussi ne se laissera-t-il point arrêter dans l'accomplissement de l'œuvre capitale et véritablement humanitaire qu'il combine et prépare.

Chaque époque a ses nécessités, auxquelles

il serait dangereux de chercher à se soustraire. Or, l'une des exigences de notre temps c'est de transformer l'Etat, d'élever sa mission à la plus grande hauteur qu'elle puisse atteindre, d'accroître son autorité et son influence, et, sans entrer dans les vues arbitraires et oppressives du Communisme, d'en faire comme le père de famille du pays.

L'un des moyens, pour l'Etat, d'arriver à ce résultat d'être au sein du pays le grand régulateur et le dispensateur intelligent, généreux, dévoué de tous les bienfaits, c'est de s'emparer du monopole des assurances, et de l'exploiter; c'est d'être le centre où l'impôt de la prime se transforme en même temps en net produit pour le Trésor, et en garantie puissante pour tous les citoyens à la fois et chacun d'eux en particulier.

C'est pourquoi nous concluons en faveur du principe de l'assurance exclusivement pratiquée par l'Etat, en hâtant de nos vœux l'heure où ce principe recevra toutes les applications dont il est susceptible et qu'il réclame.

NANTES, IMPRIMERIE MERSON.

www.ingramcontent.com/pod-product-compliance
Ingram Content Group UK Ltd.
Pitfield, Milton Keynes, MK11 3LW, UK
UKHW020928180726
13838UKWH00002B/812

9 782329 390536